damien rice
MY FAVOURITE FADED FANTASY

Art by Escif
Graphic design, sketches & font by Anna Antonsson
Music arranged by Olly Weeks
Consultant Editor: John Evans

©2014 by Faber Music Ltd
First published by Faber Music Ltd in 2014
Bloomsbury House
74-77 Great Russell Street
London WC1B 3DA

Printed in England by Caligraving Ltd
All rights reserved

This paper is 100% recyclable

ISBN: 0-571-53899-1
EAN: 978-0-571-53899-7

To buy Faber Music publications or to find out about the full range of titles available,
please contact your local music retailer or Faber Music sales enquiries:

Faber Music Limited, Burnt Mill, Elizabeth Way, Harlow CM20 2HX
Tel: +44 (0)1279 82 89 82
Fax: +44 (0)1279 82 89 83

my favourite faded fantasy

Words and Music by Damien Rice

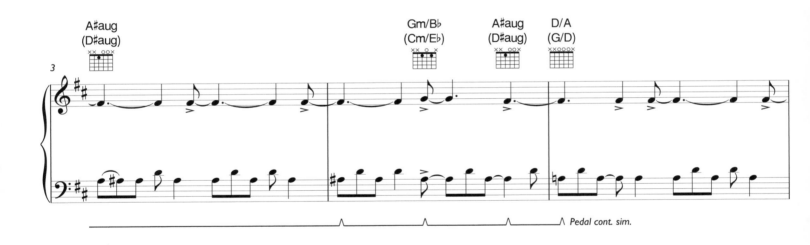

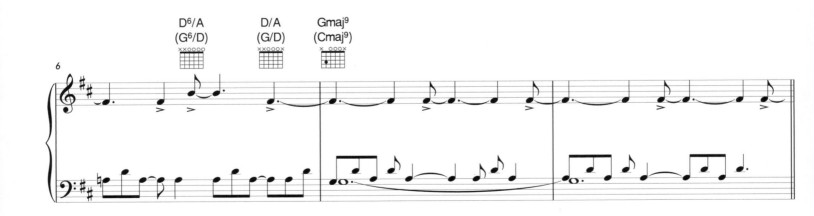

it takes a lot to know a man

Words and Music by Damien Rice

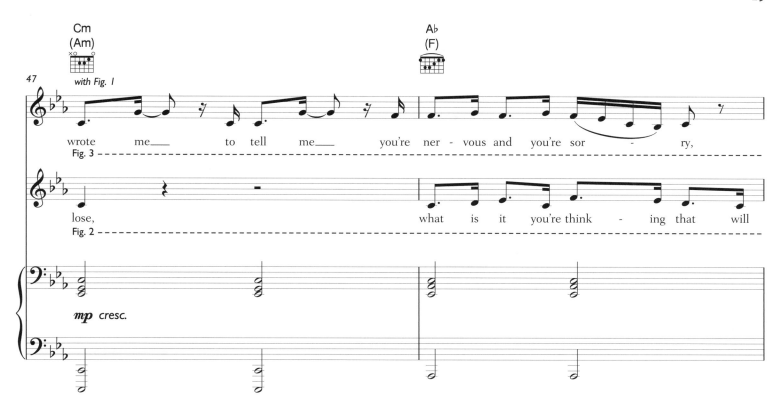

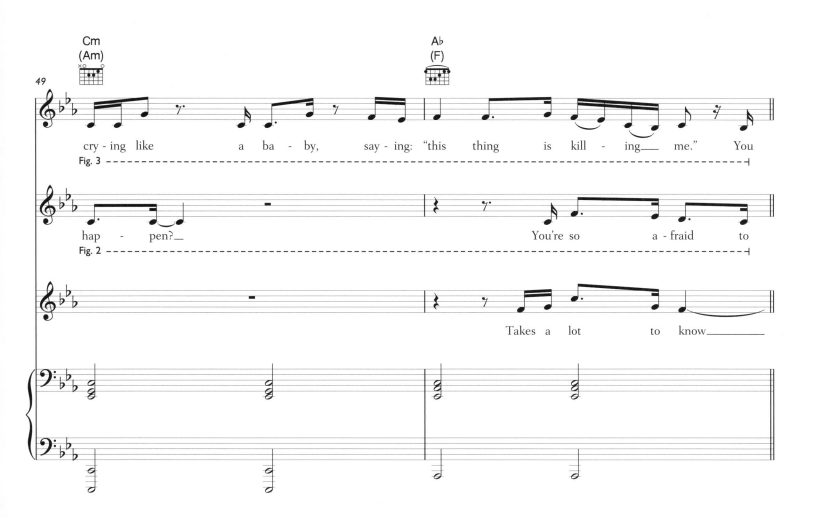

the greatest bastard

Words and Music by Damien Rice

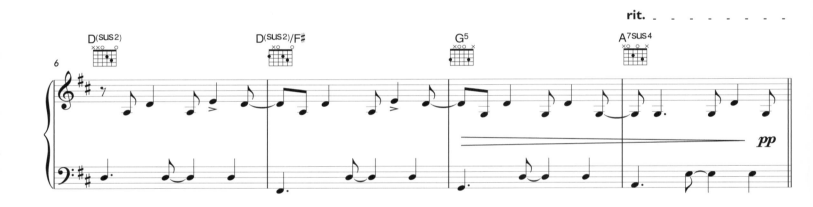

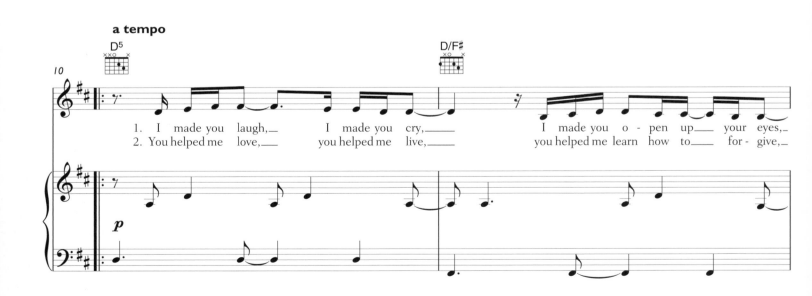

1. I made you laugh,___ I made you cry,___ I made you o-pen up___ your eyes,___
2. You helped me love,___ you helped me live,___ you helped me learn how to___ for-give,___

a tempo

D5   D/F#   G5

We were good when we were good and we were not mis-un-der-stood.
Or am I just dream-ing once a - gain some dreams are bet-ter when they end.

rit. _ _ _ _ _ _ _ **a tempo**

A7SUS4   D(SUS2)   D(SUS2)/F#   G5

Some make it, mis - take it, some force and

A7SUS4   Bm   D/F#   Gmaj7

some will fake it, I nev-er meant to let you down.

A7SUS4   D(SUS2)   D(SUS2)/F#   G5

Some fret it, for - get it, some ruin and

but I nev-er meant___ to let you___ down.___

Some fret it, for - get it, some ruin___ and

some re - gret___ it,_____ but I nev-er meant___ to let you down,

___ I nev - er meant___ to let you,_____ I nev - er meant

cresc.

i don't want to change you

Words and Music by Damien Rice

where in a stran-ger's eye.___ Oh, and I_____ don't wan-na change_ you, I_

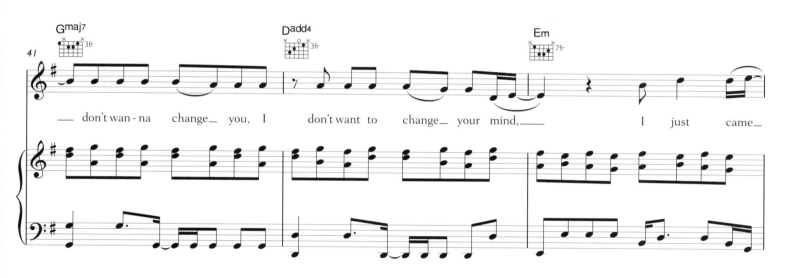

___ don't wan-na change_ you, I don't want to change_ your mind,___ I just came_

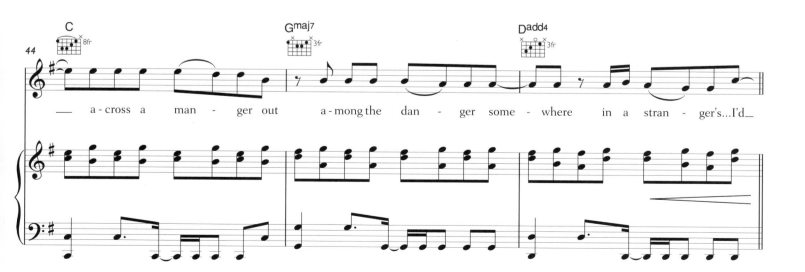

___ a-cross a man-ger out a-mong the dan-ger some-where in a stran-ger's...I'd_

nev-er been with an-y-one_____ in the way I'd been with you,_____ but if love is not for fun,

_____ then it's doomed 'cause_____ wa - ter_____ rac - es, wa - ter_____ rac - es down

_____ the wa -ter falls._____ The wa -ter falls._____ And____ I

colour me in

Words and Music by Damien Rice

the box

Words and Music by Damien Rice

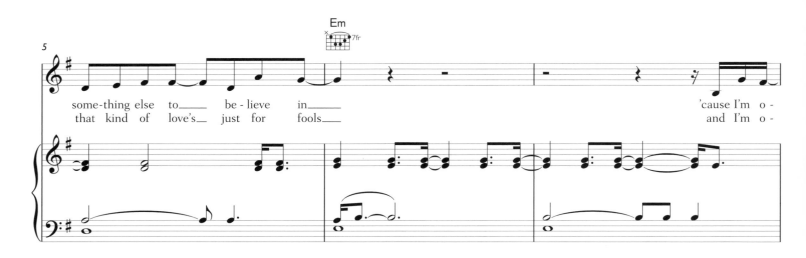

in - to this box_ you call_____ a gift,___ oh I could be wild

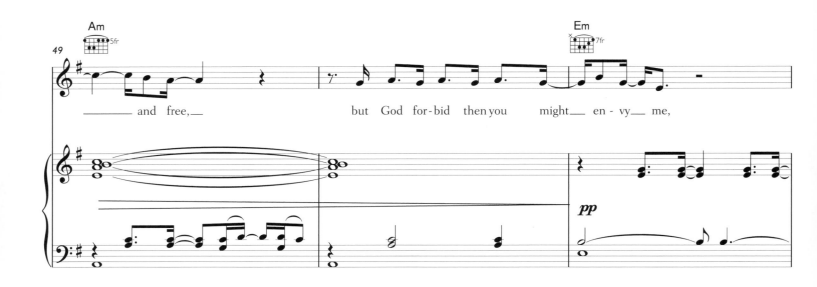

_____ and free,___ but God for-bid then you might__ en - vy__ me,

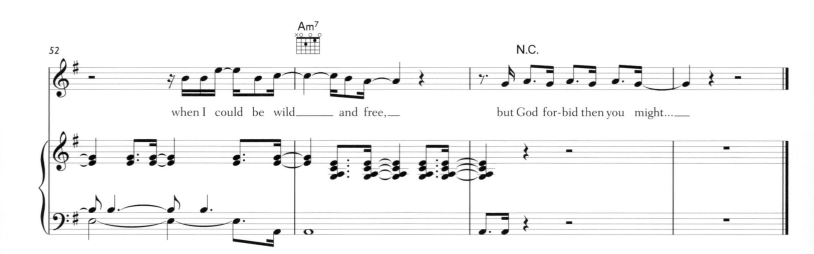

when I could be wild_____ and free,___ but God for-bid then you might....___

trusty and true

Words and Music by Damien Rice

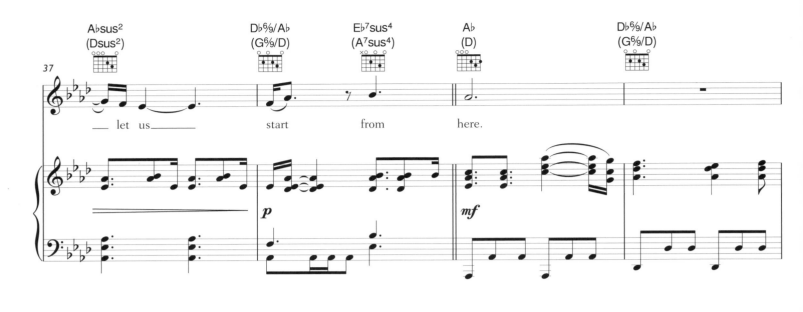

let us___ start from here.

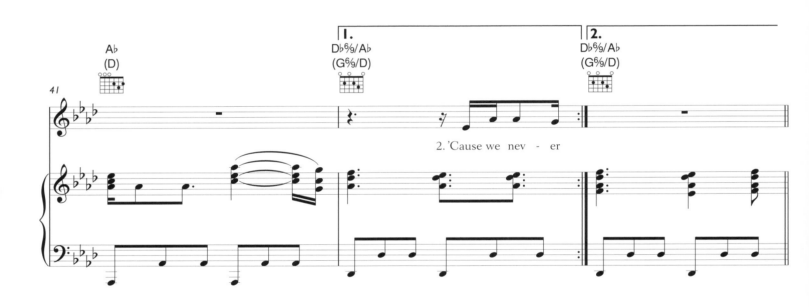

2. 'Cause we nev - er

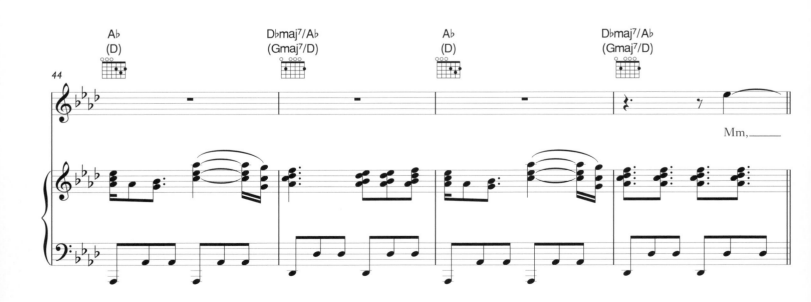

Mm,___

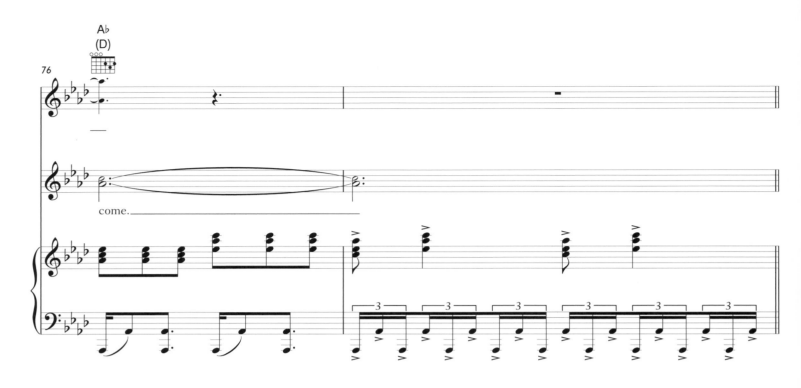

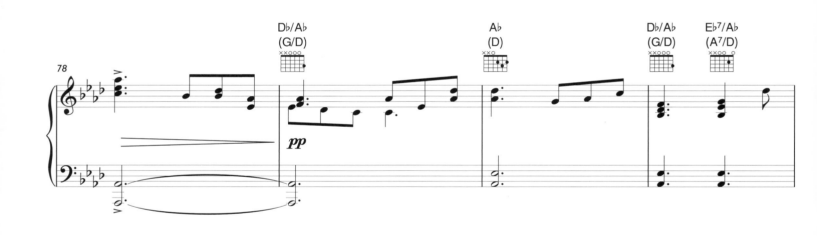

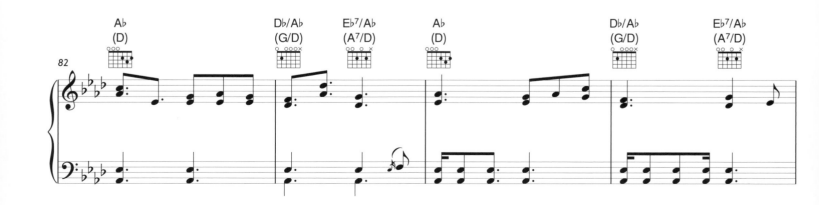

long long way

Words and Music by Damien Rice

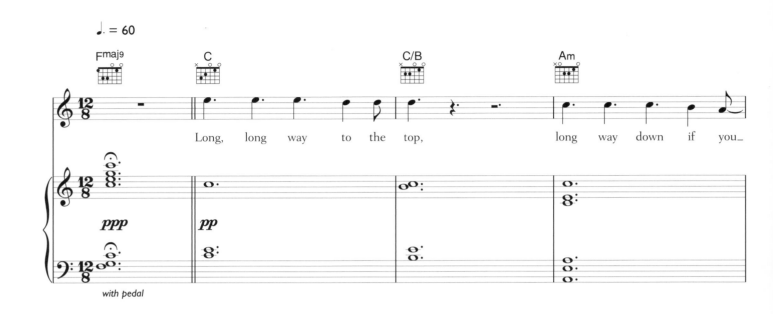

Long, long way to the top, long way down if you___

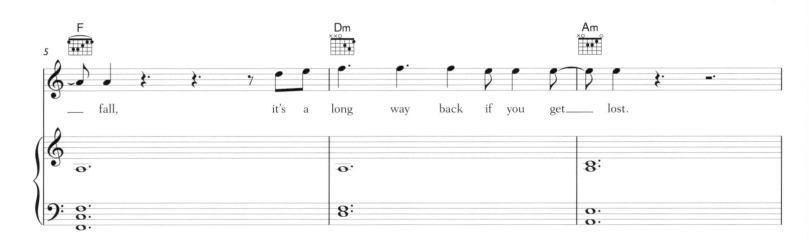

___ fall, it's a long way back if you get___ lost.

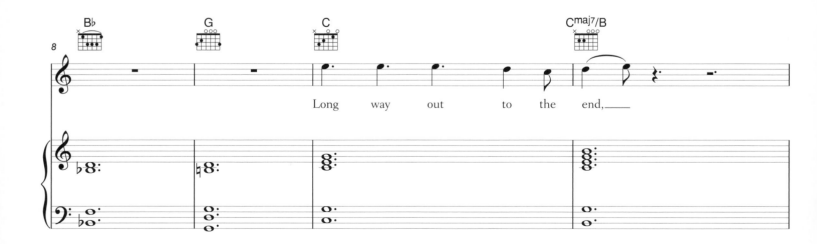

Long way out to the end,___

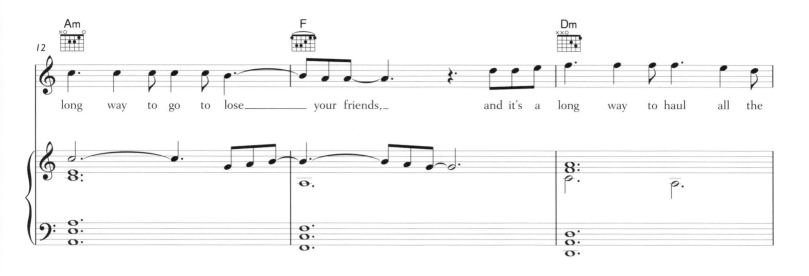

long way to go to lose_____ your friends,_ and it's a long way to haul all the

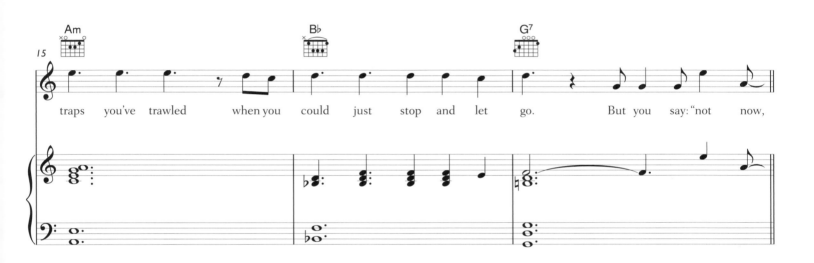

traps you've trawled when you could just stop and let go. But you say: "not now,

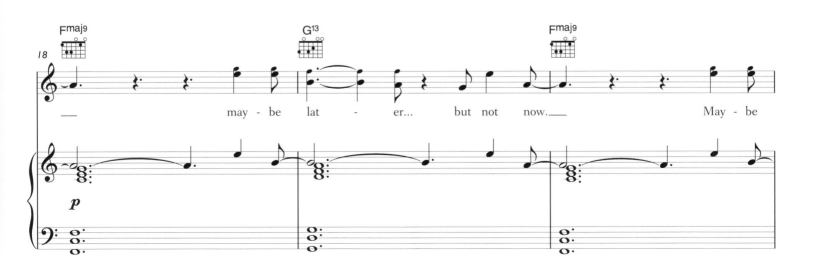

_ may - be lat - er... but not now.___ May - be

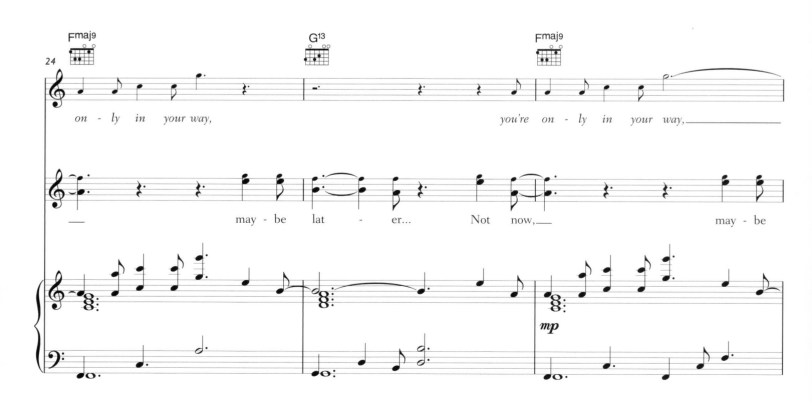

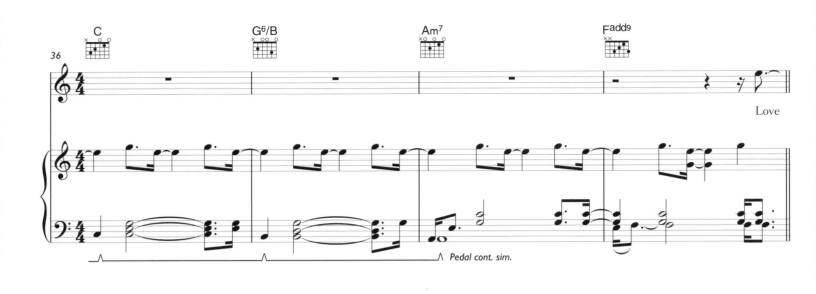